DU SEUL MOYEN

POUR

FONDER EN FRANCE

LA

DÉMOCRATIE

Par F. SAILLARD

Prix : 1 fr.

PARIS

E. DENTU, ÉDITEUR

LIBRAIRE DE LA SOCIÉTÉ DES GENS DE LETTRES

3, place de Valois (Palais-Royal)

1891

DU SEUL MOYEN
POUR
FONDER EN FRANCE
LA
DÉMOCRATIE

Par F. SAILLARD

DÉDIÉ A M. X...

PARIS
E. DENTU, ÉDITEUR
LIBRAIRE DE LA SOCIÉTÉ DES GENS DE LETTRES
3, place de Valois (Palais-Royal).
1891

LETTRE - PRÉFACE

A MONSIEUR X***

MONSIEUR,

Je cherche un homme qui ait du talent, de l'autorité et qui puisse faire accepter par l'opinion publique et par le Parlement les réformes ci-après indiquées.

Il faut que cet homme ait en même temps assez de générosité de caractère pour ne pas être effrayé à la pensée que le peuple pourra enfin être libre et qu'il ne sera plus opprimé.

En effet, il s'agit de faire connaître au peuple le principe de la liberté et de l'initier à la pratique du gouvernement et de la société.

Demandez à interpeller M. le Ministre de l'Instruction publique; faites la critique du système de non-éducation actuel, et concluez en demandant l'établissement d'un catéchisme qui comprenne les droits et les devoirs et qui donne la formule du principe de la liberté.

Rappelez que tous les grands changements qui se sont faits dans le monde ont eu pour raison un livre. Il a fallu, pour fonder les peuples chrétiens, l'Evangile.

Pour fonder le peuple juif et, plus tard, les peuples protestants, il a fallu la Bible. Pour fonder le peuple mahométan, il a fallu le Coran. Enfin, pour fonder les peuples démocrates, il faut aujourd'hui un livre nouveau qui, comme nous l'avons dit, comprenne les droits et les devoirs et qui donne la formule du principe de la liberté.

Il faudra que ce livre nouveau ou ce catéchisme soit enseigné et que l'instituteur le fasse réciter dans l'école; et voilà pourquoi l'intervention de l'État est ici nécessaire. Certes, si l'œuvre à laquelle nous vous convions n'avait pas en elle-même l'importance qui s'attache à la fondation d'un peuple ou d'un principe, nous vous demanderions encore de l'accomplir.

En effet, cette œuvre est un dérivatif et, aussitôt qu'il sera question de réformer l'enseignement et de transporter sur ce terrain la solution de la question sociale, toutes les autres luttes cesseront et on ne voudra plus s'occuper que de cette question.

Soyez donc, Monsieur, l'homme dont j'ai besoin et faites réussir en France l'œuvre de la fondation de la Démocratie.

Votre respectueux serviteur,

SAILLARD.

DU SEUL MOYEN
POUR FONDER EN FRANCE LA DÉMOCRATIE

I.

De l'erreur des hommes de la Révolution française, et de la formule du principe de la liberté.

Il est certain que la Révolution française a échoué, et qu'elle n'a pas réussi jusqu'ici à fixer le peuple. Nous en voyons la preuve dans ce fait que, au lendemain même de la Révolution, le peuple cherche à renverser ceux qui l'ont faite et à aller au-delà de leurs idées.

Quelles étaient donc les idées des hommes de la Révolution, et quel régime voulaient-ils établir ?

Ils voulaient établir un régime basé sur la liberté, mais ils ne voyaient dans la liberté qu'une négation et un moyen pour eux d'arriver au pouvoir.

Sans doute, les hommes de la Révolution étaient de bonne foi et ils croyaient que, une fois arrivés au pouvoir, ils pourraient donner satisfaction au peuple et établir la liberté.

Mais le contraire est arrivé, et les hommes de la Révolution n'ont pu établir que le despotisme. Est-ce en effet une véritable liberté que celle dont nous jouissons, qui n'est pas entrée dans les mœurs et qui est destinée à disparaître au premier vent qui soufflera de la révolution ou de la contre-révolution ?

Qu'y a-t-il donc à faire, et quel est le moyen pour arriver à établir la liberté ?

Revenir au point de départ; considérer la liberté non plus comme une négation mais comme une affirmation et enseigner au peuple ce principe.

Si l'on s'était borné à enseigner au peuple le principe de la liberté, on serait aujourd'hui plus avancé et nous aurions évité bien des malheurs.

En effet, qu'est-il arrivé ? Le peuple, voyant

que l'on ne s'occupait pas de lui et qu'on se battait pour des places ou des fonctions, se mit comme à la remorque de ceux qui attaquaient le pouvoir et il chercha à le renverser.

Il en est résulté que, depuis 1789, aucun gouvernement n'a pu s'établir et qu'on a vécu à l'état de révolution permanent. A qui la faute, est-ce aux hommes ou aux événements?

A tous les deux, car si les hommes avaient voulu, ils auraient dominé les événements et ils ne les auraient pas laissés s'accomplir. En effet, qu'est-ce qui obligeait par exemple les hommes de 1789 à faire une révolution et à renverser Louis XVI ?

En vain, on dira que Louis XVI résistait et qu'il voulait empêcher l'établissement des réformes et de la liberté? Mais il fallait se retourner du côté du peuple et chercher à lui faire comprendre la liberté. La liberté, une fois comprise, s'impose, et il n'y a pas au monde de pouvoir capable d'empêcher son établissement.

Mais non, les hommes de la Révolution voulurent aller plus vite et ils renversèrent

Louis XVI. Ils ne s'aperçurent pas qu'ils lançaient la France dans la voie sans fin des révolutions, et qu'ils préparaient la ruine de notre pays.

En effet, qu'est-il arrivé ? Le parti, dépossédé en 1792, a fait souche de mécontents et il est resté comme un obstacle infranchissable à l'établissement en France de tout gouvernement régulier.

On a pu croire un instant avoir vaincu ce parti, mais il a reparu avec Napoléon et, en 1815, il est redevenu maître de la situation. En 1830, il a pu paraître une fois encore vaincu ; mais, tous les pouvoirs qui se sont succédé depuis cette époque ont été obligés de compter avec lui et il ne les a laissés se maintenir qu'à force de concessions et en menaçant de les renverser, aussitôt qu'ils manifesteraient l'intention de revenir aux principes proclamés par la Révolution française et d'établir la liberté.

Est-ce que le gouvernement de Napoléon III, celui de Louis-Philippe, le gouvernement de la seconde et celui de la troisième République, ont été autre chose que des gouvernements de l'ancien régime, et le peuple faisait-il une différence entre eux et le gouvernement des Bourbons de la Restauration ou celui qui a précédé la Révolution ?

Non, il ne faisait aucune différence et la loi retombait aussi lourdement sur lui que lorsqu'elle lui était imposée au nom du principe de l'autorité. Il faut que le peuple en vienne à comprendre la liberté, et que la loi soit pour lui véritablement l'expression de la volonté de la nation.

Comment y arriver ? Par un vaste système d'éducation basé sur le principe de la liberté, et qui ait pour but de le développer.

On parle aujourd'hui des questions comme la séparation de l'Église et de l'État et la question sociale; mais qui peut bien connaître ces questions, et quel est celui qui prétendrait à les résoudre?

Il n'y a que le peuple lui-même qui peut connaître tous les points d'une organisation comme celle de la société française aujourd'hui, et qui peut lui donner satisfaction.

Allez donc demain faire la séparation de l'Église et de l'État, supprimer le budget des cultes, en un mot laïciser véritablement la France et vous nous direz ce qui en arrivera ? Demain, vous serez renversés ; voilà ce qui arrivera. C'est qu'en effet, on ne peut changer les conditions d'existence d'une nation sans changer en même temps ses mœurs et sans l'avoir amenée à un autre principe.

Or, on ne peut dire sérieusement que la France a été amenée à un autre principe et qu'elle n'a plus les mœurs de l'autorité. Voyez ce qui s'est passé dernièrement, à l'égard de M. le général Boulanger?

Il n'a pas tenu à la France que M. le général Boulanger arrivât à la dictature, et qu'il fût proclamé empereur. Et le même fait peut encore se produire, et demain nous pourrons voir la France se passionner par exemple pour le prince Victor Napoléon, comme nous l'avons vue il y a quelques mois se passionner pour le général Boulanger et chercher à faire arriver le premier aux affaires, comme elle a cherché à y faire arriver le second.

Et, à côté de cela, on peut dire, sans crainte d'être démenti par les événements ni par aucun contemporain — tant l'opinion à ce sujet est unanime — que, si demain une monarchie quelconque se rétablissait, elle serait bientôt renversée et qu'elle ne durerait que l'espace d'un matin.

Tant il est vrai que la force morale mène le monde, et qu'il ne dépend pas du peuple de renoncer à la liberté. Mais il faut faire comprendre au peuple cette liberté; car, la liberté mal comprise ou laissée dans l'ignorance du peuple est un instrument de mort pour les nations comme pour les individus.

Que sont en effet ces révolutions et ces coups d'État sans but, sans motif, qui tous ont eu successivement et chacun tour à tour la faveur du peuple? Le 18 Brumaire et le 2 Décembre n'ont-ils point, comme le 24 Février 1848, les journées de Juillet et le 10 Août 1790, été applaudis par le peuple et a-t-il fait aucune différence entre-eux.

Mais où tout cela mène-t-il, sinon à la ruine de la France et de la République; et ne vaut-il point mieux tâcher d'organiser la liberté et de la faire comprendre par le peuple ?

Il est vrai, cela dépend des gouvernants ; mais il faut les pousser et faire ce qu'ils auraient dû faire eux-mêmes vis-à-vis de ceux qui les ont précédé. Il faut moins chercher à les remplacer et à les renverser du pouvoir, que les amener à instruire le peuple et à lui faire comprendre la liberté.

S'ils tombent du pouvoir, on saura au moins pourquoi et leurs successeurs feront ce qu'ils auraient dû faire eux-mêmes ; et ils instruiront le peuple et lui feront comprendre la liberté.

Mettons-nous donc à l'œuvre et poussons les hommes du gouvernement à instruire le peuple et à lui faire comprendre la liberté, puisque aussi bien d'ailleurs il n'y a que la liberté bien comprise qui peut permettre au peuple de résoudre les graves questions de notre temps, qui sont posées et qui s'imposent.

Nous avons en effet démontré que, dans l'état actuel de nos mœurs et de notre civilisation, il était impossible de faire la séparation de l'Église et de l'État et de laïciser véritablement la France; nous allons maintenant démontrer que, dans ce même état, il est aussi impossible de résoudre la question sociale et de prendre un ensemble de mesures qui donnent satisfaction au peuple et qui fasse de lui un agent de la conservation sociale.

Certes, s'il y a une question qui s'impose c'est celle-là d'où dépendent l'ordre et la paix publique qui ne peuvent plus guère être troublés à notre époque que par des grèves ou par des mouvements de peuple ayant tous pour but de changer les conditions de la société et d'améliorer le sort du peuple, celui-ci ayant depuis longtemps renoncé à la politique pure et ne voulant plus s'occuper que des questions sociales.

Mais pourquoi n'a-t-on rien fait jusqu'ici dans cet ordre d'idées, et pourquoi est-on juste aussi avancé que le premier jour?

Certes, nous ne nions pas les efforts qui ont été faits dans ces derniers temps pour doter les services de l'Assistance publique et pour créer des caisses d'épargne ou des caisses de retraite pour la vieillesse; mais à qui bien ces caisses peuvent-elles servir, et qui est-ce qui a recours aux services de l'Assistance publique ?

N'est-il pas vrai que c'est le petit nombre et, d'un autre côté, en ce qui concerne les caisses de retraite pour la vieillesse ou les caisses d'épargne, n'est-il pas vrai aussi que c'est le petit nombre qui peut y avoir recours et en obtenir des services ?

Non, ce n'est pas par de pareils moyens que l'on arrivera à résoudre la question sociale, à donner satisfaction au peuple et à faire de lui, comme nous le disions tout-à-l'heure, un agent de la conservation sociale. Et cela est si vrai que, avec vos services de l'Assistance publique déjà si largement dotés, avec vos caisses de retraite pour la vieillesse ou vos caisses d'épargne, vous n'avez désarmé personne et que vos ennemis sont aussi nombreux qu'auparavant.

Comptez ceux qui, un jour d'émeute, descendraient dans la rue et voudraient défendre le gouvernement et ceux qui, au contraire, voudraient l'attaquer et chercheraient à le renverser ?

Le nombre de ceux-ci serait le plus grand

et tout le monde sait que, s'il y avait demain une émeute, il ne faudrait compter, pour la réprimer et rétablir l'ordre, que sur le concours des soldats ou des gendarmes. Maintenant, si les soldats ou les gendarmes étaient à la frontière ou s'ils étaient eux-mêmes travaillés par l'esprit de désordre et d'indiscipline, la société périrait et il n'y aurait plus rien à faire.

Il faut donc en venir, et nous y revenons de toutes parts, à faire comprendre la liberté par le peuple et à l'initier à la pratique du gouvernement et de la société. Maintenant, comment y arriver?

En établissant, comme nous l'avons dit, un vaste système d'éducation basé sur le principe de la liberté et qui ait pour but de le développer.

Maintenant, il faut bien comprendre que le système d'éducation actuel est mauvais et insuffisant et qu'il va directement contre le but qu'il se propose. En effet, à quoi aboutit ce système d'éducation sinon à faire dans les rangs inférieurs de la société, des déclassés ou des hommes qui, parce qu'ils ont reçu quelque instruction et qu'ils croient être des savants, ne veulent plus travailler de leurs mains et cherchent à obtenir un emploi dans une administration de la Ville ou de l'État.

Or, les emplois sont rares et, comme les hommes dont nous parlons ne peuvent arriver à s'en procurer un, ils deviennent des ennemis de l'ordre et de la société et cherchent à provoquer au trouble ou à l'émeute.

Dans les hautes classes de la société, le mal produit par le système d'éducation dont nous parlons, pour n'être pas le même, est aussi grand. En effet, les jeunes gens qui ont suivi ce système d'éducation et qui se destinent au commerce ou à l'industrie, aux arts ou à la littérature, à la politique ou aux professions libérales, se sont-ils jamais demandés une fois arrivés s'ils ne devaient point quelque chose à cette société qui les a élevés, du milieu de laquelle ils sont sortis et sans laquelle ils ne seraient rien ?

Se sont-ils jamais demandés s'ils ne devaient point chercher à s'acquitter et tendre une main secourable à ceux qui les suivent, aux pauvres et aux déshérités du sort ? Se sont-ils jamais demandés si, dans les richesses par eux acquises et dans la fortune où ils sont arrivés, il n'y avait point une part qui revenait de droit aux malheureux, les choses étant ainsi dans notre société qu'il faut que le patron exploite son ouvrier et qu'il doit avoir l'esprit perpétuellement en éveil pour ne prendre que la part qui lui appartient dans l'œuvre accomplie en commun; le patron et l'ouvrier ne devant être au fond que deux associés?

Se sont-ils jamais demandés, les jeunes gens dont nous parlons, s'ils ne devront point verser le trop plein pour ainsi dire de leur fortune ou de leurs richesses pour fonder des sociétés de secours mutuels ou de prévoyance, des sociétés de bienfaisance ou des maisons de commerce ou d'industrie où ils rempliraient vis-à-vis du peuple le rôle de tuteurs et où ils l'éclaireraient de leurs conseils et l'aideraient de leurs capitaux?

Non, ils ne se sont jamais demandés cela et voilà pourquoi le système d'éducation qu'ils représentent est condamné et qu'il faut lui substituer un autre système d'éducation capable de faire naître ou de développer ces nobles sentiments.

Il faut lui substituer un système d'éducation basé sur la liberté. C'est en développant l'esprit de liberté que l'on arrivera à faire comprendre les droits et les devoirs et, en donnant à l'activité humaine un but plus élevé et plus moral, à provoquer partout des initiatives généreuses qui finiront par créer un courant irrésistible en faveur de l'égalité ou de la justice sans laquelle on ne peut, à l'époque où nous sommes, rien fonder.

Il faut donc en venir à substituer, au système d'éducation actuel, un système basé sur la liberté. Et, aussi bien, vous y êtes obligés car voyez, après un siècle de révolution, à quel résultat vous êtes arrivés? Le peuple, sous l'ancien régime, était comme parqué dans ses villages et il ne pouvait en sortir sans le consentement du clergé et de la noblesse, ses seigneurs féodaux.

Mille liens, mille entraves l'attachaient à la terre et il était comme rivé à sa position. L'Église lui enseignait que le roi était le représentant de Dieu sur la terre et qu'on lui devait obéissance et soumission. De son côté, la bourgeoisie elle-même ne pouvait acquérir et elle se trouvait à chaque pas arrêtée par les privilèges du clergé et de la noblesse.

Arrive la Révolution, qui brise toutes les barrières et qui appelle tous les hommes à jouir des bienfaits de la justice et de l'égalité. Aussitôt, tout le monde se précipite et veut arriver à la fortune et aux honneurs.

La question, mal posée par la Révolution, est une menace à tous les droits et à tous les intérêts. L'Europe entière s'arme contre la France, et elle oblige celle-ci à faire appel à tous les enfants du peuple et à les envoyer à la frontière.

L'ancienne monarchie n'avait qu'une armée insignifiante par le nombre, qui ne se recrutait qu'au moyen d'enrôlements volontaires et dont il était toujours facile, quand ceux qui la composaient étaient arrivés au terme de leur carrière ou qu'ils ne pouvaient, à cause de leurs infirmités, continuer leur service, de les placer dans des petits postes de l'État ou aux Invalides.

La Révolution vint changer tout cela. Aujourd'hui, l'armée comprend la nation tout entière et, quand vous aurez enlevés à leurs travaux ou à leur famille les fils de tous les paysans et que vous leur aurez fait contracter l'habitude de vivre dans les villes, ils ne voudront plus retourner cultiver la terre et ils vous demanderont des places de sergents de ville ou d'agents de police que vous ne pourrez bientôt plus leur donner ; car, il y a une limite à ces places et vous ne pourrez plus bientôt mettre le budget en équilibre.

Le mal est là, et il est grand. Quand des politiques à courte vue signalent le dépeuplement des campagnes et l'encombrement des villes, ils n'indiquent point le remède ou n'indiquent que des moyens dérisoires.

De même, quand on parle de l'équilibre de nos budgets et qu'on prétend l'établir au moyen de la suppression de quelques centaines de petits emplois, cela est enfantin ou ridicule.

Non qu'on n'ait pas toujours raison de chercher à faire des économies justifiées par le temps et l'expérience ; mais vous n'arriverez à etablir l'équilibre de nos budgets que lorsque vous aurez supprimé l'armement qui existe, et vous serez obligés pendant longtemps encore de le maintenir.

Vous serez obligés de le maintenir tant que vous n'aurez pas établi en France l'ordre, et tant que les autres peuples auront peur chez nous de violences qui amèneraient l'établissement de la dictature. Il faut donc en venir à établir en France l'ordre ; mais on ne le peut, encore une fois, qu'en faisant comprendre au peuple la liberté et en l'initiant à la pratique du gouvernement et de la société.

Voyez cette soif de l'or qui s'est emparé des esprits, ce besoin de jouir et d'arriver à une position supérieure à celle à laquelle vous donnent droit votre talent et votre mérite, — qui est celui de nos contemporains ? — On veut, si l'on est commerçant, faire sa fortune en quelques années ; oubliant que ses pères s'estimaient heureux quand, vers la fin de leur vie, ils pouvaient se retirer des affaires et laisser à leur fils leur établissement moyennant une faible rente viagère.

Mais non, tout le monde aujourd'hui veut avoir maison de ville et maison de campagne, équipages, etc. Tout le monde veut être député, sénateur ou ministre; chef de division ou directeur. L'exemple vient de loin, et il a été contagieux. Après la Révolution, on a dit : Chaque soldat porte dans son sac le bâton de maréchal de France.

On aurait pu dire tout aussi bien qu'il portait la couronne de roi ou d'empereur puisque Napoléon, Bernadotte, Murat, d'autres sont arrivés à ceindre ces couronnes. Mais ce spectacle de soldats arrivant à ceindre des couronnes et à se faire proclamer rois ou empereur a grisé plusieurs têtes et on a cru pouvoir marcher sur leurs traces, témoin le général Boulanger qui a cru pouvoir marcher sur les traces de Napoléon et se faire proclamer comme lui empereur.

Au point de vue civil, il en a été de même et quand on vit après 1789, ces acquéreurs de biens nationaux qui étaient devenus propriétaires du sol, faire souche d'aristocratie et s'augmenter à chaque révolution de ceux qui y avaient trouvé leur compte, on se prit à devenir soi-même révolutionnaire sauf à redevenir homme d'ordre et conservateur quand on aurait fait sa fortune et qu'on serait arrivé à la richesse.

Il est certain que le parti conservateur aujourd'hui est composé, plus encore que des membres de l'ancienne noblesse et du clergé, des hommes qui, dans nos révolutions successives, ont triomphé ou qui en sont sortis et de leurs successeurs. Voyez les Numa Baragnon, qui sont sortis de la révolution du 4 Septembre (1); les X..., qui sont sortis de la révolution du 24 Février; les X..., dont les pères sont sortis de la révolution de Juillet; enfin, les X..., dont les pères, collègues à la Convention de Robespierre et de Danton et qui votèrent comme eux la mort de Louis XVI, sont sortis de la révolution du 10 Août.

(1) On raconte que M. Numa Baragnon, alors avocat dans une petite ville du Midi, s'écria, en apprenant la nouvelle de la révolution du 4 Septembre :

« Je ne sais ce qui sortira de tout ceci; mais ce que je sais c'est que moi, j'en sortirai. »

M. Numa Baragnon s'est tenu parole; il est aujourd'hui sénateur !

Tous ces hommes trônent dans le parti conservateur, et ils prétendent empêcher le peuple de prendre possession de lui-même et du gouvernement de la société. Mais quelle force peuvent avoir les hommes dont nous parlons pour résister à la volonté du peuple ou, simplement, pour empêcher de passer ceux qui les suivent et qui voudraient les renverser?

Aucune. Mais il faut faire l'économie d'une révolution, qui ne résoudrait pas les difficultés et qui ne ferait que la fortune de quelques centaines d'individus nouveaux.

Non, il n'y a que l'enseignement des principes proclamés par la Révolution qui peut rasseoir la société française soulevée par cette Révolution.

Il faut que l'on comprenne que ces principes tout de raison ne sont pas comme une course au clocher pour arriver à la fortune et aux honneurs, mais qu'ils doivent faire régner l'ordre et la paix.

Il faut que l'on comprenne la liberté, et que le peuple soit initié à la pratique du gouvernement et de la société.

II.

Du seul moyen pour établir le principe de la liberté, et d'un catéchisme démocratique.

Il n'est peut-être pas inutile aujourd'hui encore de rechercher les causes pour lesquelles il y a près d'un siècle Louis XVI est tombé du pouvoir et pourquoi il n'a pas pu se maintenir?

En effet, il n'y a pas quoiqu'on en dise, une bien grande différence entre le gouvernement de Louis XVI et celui d'aujourd'hui et les fautes du premier pourront servir d'exemple au second et l'empêcher de les commettre.

Quelles sont donc les fautes commises par Louis XVI et pour lesquelles, il y a près d'un siècle, il est tombé du pouvoir?

Au premier rang de ces fautes, il faut mettre le refus de donner au peuple la liberté et de lui en faire connaître le principe.

Car le peuple a besoin avant tout de connaître le principe de la liberté, et ce n'est qu'en second lieu qu'il demande la liberté de la presse et la liberté de réunion qui, pour le dire ici en passant, ont servi tant de fois à renverser le gouvernement.

Or, tous les gouvernements qui se sont succédé depuis 1789 ont refusé de faire connaître au peuple le principe de la liberté et de lui en apprendre l'usage. Qu'a gagné en effet le peuple à la Révolution, et quel est le bénéfice qu'il en a retiré?

Le peuple n'a retiré aucun bénéfice de la Révolution, et il y a gagné de changer de maître. A la caste nobiliaire et sacerdotale qui régnait avant la Révolution, il a vu se substituer la caste bourgeoise plus dure, plus égoïste, moins disposée que l'autre à entrer en arrangement et à lui céder une part dans le gouvernement.

Il est vrai, pour les intérêts de cette caste, on va tout-à-l'heure l'envoyer mourir à la frontière et, si par impossible, quelques-uns des enfants du peuple arrivent à force de bravoure et de courage, à forcer les portes de la citadelle bourgeoise et à entrer eux-mêmes dans la caste, on criera aux bienfaits de la justice et de l'égalité comme si, même sous Louis XIV, on n'avait pas déjà vu des enfants du peuple arriver à la noblesse ou aux plus hautes charges de l'État et de l'armée.

Il est vrai encore que, à ces demandes du peuple de connaître le principe de la liberté et d'en apprendre l'usage, des ministres de l'avenir répondront par la création des écoles professionnelles ou par l'enseignement du dessin, etc. (1)!

Dérision ! A ce peuple qui demande tout, c'est-à-dire le gouvernement de la société, vous n'accordez rien ou plutôt vous ne donnez que les moyens pour quelques-uns des enfants du peuple d'apprendre l'état de menuisier ou celui d'ébéniste, quand peut-être d'ailleurs il

(1) « A ce peuple qui a rêvé d'établir la justice, disait dernièrement une Altesse impériale en disponibilité, vous offrez la diminution des frais de procédure ! »

Ajoutons que vous ne pourrez même diminuer les frais de procédure, tant que vous n'aurez pas établi le principe de la liberté et que le peuple ne pourra vous pousser dans la voie du progrès et de la civilisation.

faudrait à la société des boulangers ou des cordonniers.

En un mot, vous vous appliquez consciencieusement comme nous l'avons dit, à faire des déclassés. Mais cela ne suffit pas au peuple et, s'il ne peut arriver par lui-même à la lumière et à la connaissance de la vérité, il vous renversera pour se venger, puisque aussi bien il sait qu'il n'a rien à attendre de vous et que vous avez donné votre mesure.

Voilà le secret de l'opposition en France depuis près d'un siècle écoulé. Les hommes qui se présentaient pour attaquer le gouvernement étaient toujours sûrs de l'appui du peuple qui attendait d'eux la réalisation de ses espérances et qui les soutenait jusqu'à ce qu'ils fussent eux-mêmes arrivés au pouvoir, mais qui les abandonnait aussitôt qu'ils avaient fait preuve comme leurs devanciers d'insuffisan e et d'incapacité.

C'est ainsi que le gouvernement de la France a toujours paru être comme une course au clocher pour les promesses fallacieuses et pour les déceptions. On s'est battu pour des places et des fonctions. On a réussi à intéresser le peuple à sa querelle et aujourd'hui, après tant d'années passées à faire des révolutions ou des émeutes, on est juste aussi avancé que le premier jour.

En effet, aujourd'hui encore, on parle comme en 1792, de la revision de la Constitution et de la séparation de l'Église et de l'État; mais on parle aussi et surtout de la question sociale et c'est même sur cette question, pour le dire ici en passant, que se livreront les combats de l'avenir.

Or, êtes-vous préparé pour la question dont nous parlons et lui avez-vous trouvé sa solution ?

Hélas ! non, et vous ne faites encore que chercher ; mais vous ne trouverez pas, et vous le savez bien. Vous ne trouverez pas les moyens de satisfaire le peuple et de lui donner ce qu'il demande ; car, ce qu'il demande c'est la richesse, et vous ne pouvez la lui donner. Mais il y a une chose que vous pouvez donner au peuple et qui lui sera une satisfaction suffisante, c'est la liberté.

Donnez au peuple la liberté, et faites-la lui comprendre. Faites comprendre au peuple que la liberté consiste à respecter les droits d'autrui, et qu'il n'y a pas de liberté là où les droits de l'un sont sacrifiés à ceux de l'autre.

Développez cette idée, et vous y trouverez la panacée ou le remède aux maux de la société moderne. Car il est bien certain que si les droits de l'ouvrier sont violés au profit du patron et si celui-ci usurpe sur son ouvrier et cherche à l'exploiter, il n'y a plus de liberté et c'est la violence qui règne.

De même si l'ouvrier cherche à ruiner son patron et à amener l'État à s'emparer de son commerce et de son industrie, c'est encore la violence qui règne et il n'y a plus de liberté. C'est entre ces deux termes du même problème que l'entente doit se faire entre le patron et l'ouvrier, et que tous deux pourront développer librement leur initiative et marcher ensemble dans la voie du progrès et de la civilisation.

Car il ne faut pas douter du succès de l'État enseignant la liberté et rappelant à ceux qui seraient tentés de l'ignorer ou qui voudraient l'oublier les principes sur lesquels repose la société moderne.

L'État triompherait, et il n'y aurait à faire exception à la règle et à chercher à se soustraire à cet enseignement qu'une infime minorité qui, au point de vue général, n'aurait aucune importance.

Mais il faut commencer par élever ce monument à la liberté et, on ne saurait trop le répéter, c'est à l'État qu'appartient ce soin. Oui, c'est à l'État qu'il appartient de formuler le principe de la liberté et d'enseigner au peuple ce principe.

On criera, nous le savons, à l'intolérance et à la persécution ; mais, nous le demandons, comment faire connaître au peuple le principe de la liberté sans donner de ce principe une formule et sans l'enseigner ?

Quelle idée se fait-on donc de la liberté, et veut-on toujours la laisser à l'état d'abstraction ? Croit-on que le peuple sera un jour subitement instruit et éclairé, et qu'il ouvrira ses yeux à la lumière et à la vérité ?

Non, il n'y a à pouvoir venir à la liberté que

ceux qui en connaissent l'usage ou qui en comprennent le principe et le peuple ne fait point là-dessus exception à la règle. Croit-on que si l'enseignement des sciences pures ou l'instruction proprement dite avait suffi pour faire comprendre au peuple la liberté, on ne serait pas déjà arrivé à ce résultat et n'est-il pas vrai que dans ces derniers temps surtout, on a comme saturé le peuple d'instruction proprement dite ou de science pure?

Non, il n'est pas vrai que l'enseignement des sciences pures ou mathématiques et l'instruction proprement dite aient une importance quelconque au point de vue de la morale et on peut avoir reçu tous les brevets ou tous les diplômes de bachelier ou de docteur possibles, sans avoir pour cela l'esprit ouvert à la liberté et sans en connaître le principe.

N'étaient-ils point instruits dans les sciences pures ou les mathématiques et n'avaient-ils point reçu tous les brevets ou tous les diplômes de bachelier ou de docteur possibles ceux qui, au 18 Brumaire et au 2 Décembre, collaboraient aux coups d'État et renversaient la représentation nationale — et ceux qui, aujourd'hui encore, prêtent les mains à l'établissement d'un régime d'où le peuple est exclu et qui n'a de républicain que le nom?

Car ces choses sont rigoureuses, et on ne peut admettre que des hommes honnêtes et dévoués ne cherchent point à améliorer le sort du peuple et à lui donner satisfaction; car le peuple n'est point satisfait et il ne peut l'être, comme nous l'avons dit, que par la liberté.

Or, on ne donne point la liberté au peuple et il se sent opprimé. Et comment ne le serait-il point, comment ne se sentirait-il point opprimé quand on pense à sa misère d'une part et, de l'autre, à la richesse quasi-fabuleuse dont jouissent quelques individus?

Car cette extrême inégalité prouve jusqu'à l'évidence qu'il y a un vice dans la société et, ce vice c'est le défaut de liberté dont les riches et les pauvres n'ont point conscience. Que les riches donnent parfois aux pauvres sous forme de versement à l'Assistance publique une partie de leur superflu et que même ils soient tout prêts pour quelques-uns à examiner les moyens pour venir en aide au peuple, nous ne songeons point à le nier ; mais c'est à l'État à délopper ce sentiment et il le peut en insistant dans des manuels mis dans les écoles à la disposition de tous et que l'instituteur fera réciter, sur le respect dû à la liberté du peuple ou de l'ouvrier.

De même dans ces manuels, l'État devra insister sur le respect qui est dû à la liberté du patron ou à celle du commerce et de l'industrie et sur les dangers du communisme. Car enfin, c'est la liberté qui est le principe de nos lois et de notre société et on ne peut le nier.

Que l'État, pour des raisons tirées du bon ordre ou de la police et dans un but d'intérêt général, restreigne parfois la liberté des citoyens et fasse voter des lois qui limite le droit, c'est pour lui une triste nécessité et il ne peut y faillir sans manquer à sa mission.

Mais l'État doit toujours revenir à la liberté et chercher à en développer le principe. Or, on ne développe un principe que par l'instruction. Combien ils vous étaient supérieurs sous ce rapport les chefs du gouvernement de l'ancien régime, et comme ils savaient faire pénétrer dans les masses leur principe de l'autorité !

Ils avaient un catéchisme, et ce catéchisme était fait réciter dans toutes les églises par le prêtre qui était un véritable agent du gouvernement.

Vous, vous n'avez rien : pas de catéchisme, pas de principe ; car un principe qui ne s'affirme pas et qui n'est ni compris ni enseigné, n'est pas un principe et il est comme s'il n'existait pas.

Aussi, voyez comme, avec leur principe de l'autorité compris et enseigné, les chefs du gouvernement de l'ancien régime avaient su faire une France unie et forte, capable de résister à ses ennemis et imposant à tous le respect de sa puissance et de sa grandeur.

Vous, vous n'avez fait qu'une France divisée, armée contre elle-même, déchirée par les factions et incapable de se défendre contre l'étranger. En un mot, vous n'avez pas su faire l'unité de la France et c'est là votre faute, car c'était votre premier devoir. Vous le verriez, si nous avions malheureusement la guerre. Unis contre l'étranger! car c'est là votre illusion. Eh ! bien, non, nous ne le sommes même pas. Vous verriez vos généraux faire des pronunciamientos et votre peuple se révolter. Aussi, ne faites pas la guerre tant que vous n'aurez pas fondé l'unité de la patrie et fait comprendre et enseigné le principe de la liberté ; car vous seriez vaincus (1).

---

(1) Écoutez ce que dit a ce sujet M. le Général Jung, dans son livre intitulé *Stratégie, Tactique et Politique* :

« L'état de guerre d'une nation comme son état militaire ne dépendant pas de l'armée, les institutions militaires mêmes sont le fruit de la politique. L'action de la politique sur les choses de l'armée est incontestablement l'un des facteurs du succès des guerres. C'est l'évidence même. Dans l'armée, chacun en a conscience...

« De l'avis des chefs allemands les plus autorisés, la politique et la stratégie marchent la main dans la main. « La politique « doit être en communion d'idées avec la stratégie et la tac- « tique, » est le dogme de l'enseignement militaire en Allemagne, tandis qu'à notre école supérieure de guerre on affecte de ne pas admettre la politique à l'état de facteur dans la préparation de la guerre. »

La vérité est que tous nos états-majors étant réactionnaires, ils ont trouvé ce moyen de prétendre qu'ils ne s'occupent pas de la politique pour, tout en restant fidèles à leurs idées, conserver leurs commandements et attendre une occasion pour trahir la République.

De leur côté, les gouvernants, par lâcheté ou faiblesse, ont paru accepter cette manière de voir et, en attendant la trahison de leurs généraux, ils jouissent du pouvoir.

Certes, nous n'incriminons point les hommes éminents qui sont aujourd'hui à la tête du gouvernement de la République et nous sommes tout prêts à rendre justice à leur talent et à leur mérite, ainsi qu'au talent et au mérite de leurs devanciers. Mais le résultat est le même, et les hommes éminents dont nous parlons n'ont rien fait de mieux que ceux qu'ils étaient chargés de remplacer.

En effet, mettez-vous un instant par la pensée à la place des chefs du gouvernement de l'ancien régime et dites-nous ce qui vous aurait empêché d'accomplir leur œuvre ? Vos principes ? Mais vous n'en avez pas. La liberté, qui devrait être partout enseignée et comprise, est restée à l'état d'abstraction et elle ne vous gène guère.

N'est-il pas vrai, ô Monsieur X..., que vous ne laisseriez pas, comme les ministres de Louis XVI à la veille du 10 Août, préparer une émeute et renverser le gouvernement ?

Du reste, c'est ici votre éloge que nous faisons et nous n'entendons point vous critiquer ; mais, ce que nous voulons prouver, c'est qu'il y a des nécessités d'ordre et de gouvernement auxquelles nul ne peut se soustraire et qui sont acceptées par tous.

Ce que nous voulons aussi prouver c'est que, ni les ministres de l'ancien régime ni ceux d'aujourd'hui n'ont donné au peuple ce qu'il réclamait, c'est-à-dire la connaissance des choses et la liberté.

Que les ministres de l'ancien régime ne l'aient pas fait, à la rigueur nous le comprenons, quoique nous soyons d'avis que l'ancien régime lui-même pouvait, sans nuire à sa durée et en assurant au contraire son maintien, faire comprendre au peuple la liberté et lui enseigner ce principe.

Mais le nouveau régime y est obligé, et il y va pour lui d'une question de vie ou de mort. Non pas que l'avenir de la liberté dépende de la bonne ou de la mauvaise volonté de quelques individus, mais parce que le peuple qui a proclamé le principe de la liberté vivra ou périra selon qu'il arrivera ou non à l'établir.

Et, voyez aujourd'hui ce qui se passe? Notre gouvernement discuté, contesté, ne peut se maintenir qu'à force d'équilibre et par des miracles de dextérité.

Un ministre échoue, un autre réussit à enlever un vote et à tromper le suffrage universel et, comme on dit vulgairement, le tour est joué; il y en a pour longtemps : plus tard, on recommencera si l'on peut.

Nous ne disons pas cela pour critiquer le gouvernement, ni ses meilleurs agents. Au contraire, nous pensons que ce gouvernement est encore, dans l'état actuel des choses, le meilleur que nous puissions avoir et nous le félicitons de se maintenir.

Mais quelle force peut avoir le gouvernement dont nous parlons, obligé chaque jour de résister aux attaques de ses ennemis et condamné à les vaincre ou à périr ?

Aucune. Supposez demain une guerre, et demandez-vous si le gouvernement que nous avons aura assez de force et d'énergie pour faire mouvoir la masse d'hommes nécessaire pour vaincre? S'il aura assez de force et d'énergie pour faire rentrer dans le devoir les géné raux qui, vainqueurs, voudraient s'en écarter, ou pour maintenir dans l'ordre ceux qui, en cas de défaite, voudraient en sortir?

Eh bien, non, et nous aurions l'anarchie sous toutes ses formes. L'anarchie, qui n'est aujourd'hui qu'à l'état latent dans la société, éclaterait alors à tous les yeux et elle nous perdrait irrémédiablement.

Mais si, ce qu'il faut ardemment désirer, nous n'avons pas la guerre, vous vous trouverez dans peu acculés à des difficultés financières insurmontables.

Comment, dans l'état actuel des choses et des esprits, ferez-vous accepter les nouveaux impôts rendus nécessaires par le maintien de votre armement?

Rappelez-vous que toutes les révolutions sociales, sérieuses, y compris celle de 1789, — qui fut avant tout une révolution sociale et qui donna le pouvoir à la bourgeoisie, — ont eu pour cause des embarras financiers et qu'elles ont été nécessitées par l'impossibilité où se trouvait l'ancien gouvernement de remplir ses engagements.

Un jour, comme Louis XVI, vous convoquerez votre Assemblée constituante que vous décorerez, si vous le voulez, du nom d'États-Généraux ou de Congrès. Mais cette Assemblée portera une main sacrilège ou brutale sur tout ce que vous êtes habitués à aimer et à respecter, et elle vous remplacera.

Évitez-donc la convocation de cette Assemblée constituante. Amenez le peuple à comprendre la nécessité de votre armement et, par suite, des impôts. Pour cela, intéressez-le au gouvernement et faites-lui comprendre le principe de la liberté.

Ayez un catéchisme. Faites-le réciter dans l'école par l'instituteur. En un mot, rappelez-vous que, pour fonder une société, il faut autre chose que des mots vides de sens et que la force même ne suffit pas : il y faut la réalité des choses et la liberté.

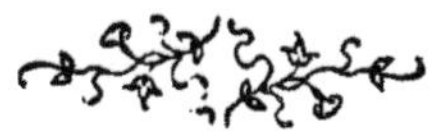

III.

Du seul moyen pour donner satisfaction au peuple, et de la solution de la question sociale.

Un des signes caractéristiques de notre époque, c'est le dédain que l'on professe pour les questions de la politique pure et l'impossibilité où l'on serait de passionner avec elles les masses.

Autrefois, on se passionnait pour le maintien de la charte constitutionnelle ou pour l'adjonction des capacités et on faisait des révolutions aux cris de *vive la Réforme* ou de *à bas les Ordonnances.*

Aujourd'hui, on ne se passionne plus que pour la limitation des heures du travail ou pour la fixation d'un minimum des salaires et l'on sourirait si l'on vous demandait de faire des révolutions pour la révision de la constitution ou pour la séparation de l'Eglise et de l'Etat.

Toutefois, cela ne veut pas dire que le peuple ne se mettra pas encore comme à la remorque de quelques politiciens et qu'il ne cherchera pas à renverser le gouvernement; mais c'est parce qu'il a besoin d'une solution et que le gouvernement se refuse à la lui donner.

Le peuple a en effet besoin d'une solution, et c'est pour l'obtenir qu'il a toujours combattu. En 1792, quand il renversait Louis XVI et faisait la révolution du 10 Août, comme en 1848 quand il faisait la révolution du 24 Février et renversait Louis-Philippe, et en 1830, quand il faisait la révolution de Juillet et renversait Charles X, ce qu'il voulait c'était un peu plus de liberté et de justice.

Et il en est de même de tous les autres peuples. Croyez-vous par exemple que le peuple russe, quand il attente avec les nihilistes à la vie du tzar et qu'il cherche à renverser son gouvernement, tient tant à ces choses et qu'il veut véritablement y arriver ?

Non, ce que veut le peuple russe c'est, comme notre peuple français, un peu plus de liberté et de justice. Et le peuple allemand, et le peuple austro-hongrois ?

Croyez-vous que ces peuples, quand ils font des grèves et demandent comme le nôtre la limitation des heures du travail ou une augmentation des salaires, tiennent aussi tant à ces choses et qu'ils veulent également y arriver véritablement ?

Non, ce que veulent les peuples dont nous parlons c'est comme le peuple français et le peuple russe, un peu plus de liberté et de justice.

Comme au temps de la chute de l'empire romain et de l'établissement des Barbares, l'humanité est en travail d'un monde nouveau. L'enfantement est laborieux, mais il finira par se faire. Des hommes, des générations, des peuples même mourront à la peine : mais d'autres peuples, d'autres générations, d'autres hommes continueront les efforts des premiers et sauront les mener à bonne fin.

Il dépend de vous, gouvernants, que les

efforts du peuple français actuel soient couronnés de succès et que de grands malheurs lui soient évités. Etablissez la justice, faites comprendre au peuple la liberté.

Croyez-le bien, il n'y a personne au monde qui sache aujourd'hui ce qu'est la justice ; mais le peuple, mieux éclairé et comprenant la liberté, finira par l'établir.

Et voilà pourquoi, nous vous disons :

Faites comprendre au peuple la liberté, établissez la justice ; car, en faisant comprendre au peuple la liberté, vous lui donnez les moyens d'établir la justice et c'est à cela que doit se borner votre mission.

Mais, ne vous y trompez pas, vous n'arriverez à aucun résultat et vos efforts seront vains tant que vous n'aurez pas d'autre moyen que l'instruction publique actuelle. Qu'est en effet cette instruction ?

Une instruction dont on a comme élayé avec soin toute idée religieuse.

Que l'on veuille, comme il a été dit, déchristianiser la France, nous n'y contredirons pas si par ce mot l'on entend chasser la religion de la politique et faire de la France un Etat véritablement civil et laïque.

Mais vous n'arriverez pas à ce résultat simplement en chassant Dieu de l'école, et en remplaçant l'instituteur congréganiste par un instituteur laïque.

Songez que la France est catholique depuis dix-huit siècles et que son histoire se confond avec celle de l'Église. Et vous espérez chasser ses souvenirs du cœur de la France et faire d'elle une nation ennemie de l'Église !

Non, vous n'y arriverez pas ; mais vous pouvez arriver à un moyen qui comprenne dans votre organisation, non-seulement l'idée catholique mais toutes les autres idées religieuses et qui les fasse vivre en bonne intelligence.

Ce moyen, vous l'avez trouvé c'est la liberté. Mais il ne faut pas croire que l'idée religieuse consentira à s'effacer, et qu'elle ne cherchera pas toujours à dominer et à détruire la liberté?

Non, mais voilà pourquoi il faut que l'idée de liberté soit bien comprise et qu'elle soit assez forte pour résister à ses ennemis et pour se maintenir.

Or, pour que l'idée de liberté soit bien comprise et pour qu'elle soit assez forte pour résister à ses ennemis et se maintenir, il faut qu'elle soit enseignée et qu'on en fasse la base de l'éducation ou de l'instruction publique.

En ce moment, il n'y a pas à proprement parler d'instruction publique ou d'éducation ou, plutôt, l'Etat n'enseigne que des doctrines négatives et il laisse à l'Église le soin d'enseigner son principe de l'autorité et de faire l'éducation des jeunes générations dans un sens opposé aux principes sur lesquels repose la société moderne.

Il n'y a pas au surplus de question où le parti républicain a erré comme dans cette question de l'éducation ou de l'instruction publique. Au commencement de la Révolution, les Constituants ; puis, Condorcet et Robespierre lui-même firent des plans d'éducation ou d'instruction publique.

Mais ces plans d'éducation ou d'instruction publique, ou paraissent tous faits pour une élite ou ils pèchent par la base et sont de nos jours inapplicables.

En effet, allez-donc de nos jours enlever aux parents leurs enfants et les mettre dans des sortes de prytanées où ils seraient élevés aux frais de l'Etat et où, selon Condorcet, on leur donnerait à tous la même instruction ou, selon Robespierre, on leur apprendrait à chacun un état.

Non, ces choses sont, comme nous l'avons dit, dans l'état actuel de nos mœurs et de notre civilisation, inapplicables et elles ne pourraient que troubler la société.

Elles ne pourraient aussi que troubler la société et sont également inapplicables toutes mesures, comme celles qui ont été prises dernièrement, qui auraient pour but de forcer les parents à instruire leurs enfants dans les sciences proprement dites ou dans les arts.

En effet, si l'Etat a un droit de cœrcition contre les parents c'est non parce qu'il doit donner à l'enfant les moyens plus tard de gagner sa vie ou d'arriver dans la société, mais parce qu'il doit veiller à ce que l'enfant soit instruit dans les sciences morales et qu'il connaisse les principes sur lesquels la société repose.

De ce devoir pour l'Etat, découle celui d'enseigner ces principes ou de s'assurer qu'ils sont enseignés; et ainsi, il est enfantin et ridicule de porter des lois qui obligent les parents à envoyer leurs enfants à l'école si on leur laisse le droit de les envoyer dans les écoles congréganistes.

Comment, vous voulez instruire les enfants dans les principes sur lesquels repose la société et vous tolérez qu'on les envoie dans les écoles congréganistes, où on leur enseigne des principes en opposition avec ces principes !

Quel aveuglement est donc le vôtre ? Mais vous avez le droit et le devoir d'avoir des inspecteurs qui iront s'assurer dans les écoles congréganistes que les principes sur lesquels repose la société y sont enseignés et qu'on y fait connaître aux enfants ces principes.

Comprenez-le donc, vous n'avez d'autre droit que celui que vous confèrent les principes dont nous parlons. Et, quand on vous entend à la tribune de la Chambre des Députés ou ailleurs, ergoter sur le mérite ou le démérite de l'instituteur congréganiste et sur le mérite plus grand du vôtre, on se sent pris pour vous de pitié.

Oui, et il faudrait être aveugle pour ne pas le voir, avant qu'il soit longtemps, votre armée sera commandée et votre administration dirigée par des hommes sortis des écoles congréganistes. Mais pourquoi ?

Parce que dans ces écoles on fait œuvre d'éducation tandis que dans les vôtres, on ne fait rien et que votre instruction ne repose sur aucun principe.

En effet, il faut au peuple un principe ou un point fixe sur lequel il puisse se reposer et qui lui serve à orienter sa vie ou à diriger son existence ; et, si la société ne veut pas le lui enseigner, il le demande aux sectes ou aux religions disparues et c'est là ce qui nous arrive aujourd'hui.

Vit-on jamais un gouvernement comme le nôtre mal servi, trahi par ses fonctionnaires ; prêt chaque jour à être renversé et ne devant son salut qu'à la force des choses ou aux évènements ?

Et comment remplacer ces fonctionnaires ?

Y a-t-il des républicains capables ? Et, s'il y a des républicains capables, ont-ils la fermeté et l'énergie nécessaires pour mener à bien l'œuvre de l'établissement en France d'un gouvernement régulier ?

Il est permis d'en douter. N'a-t-on point vu des hommes nommés comme républicains et qui, même, avaient combattu le bon combat et fait de l'opposition au précédent gouvernement, — donner, une fois élus, des gages à la réaction et chercher à se faire accepter par elle (1) ?

Pourquoi ?

Parce que nul ne croit à la durée de la République, et que chacun veut se réserver

---

(1) Les noms, à l'appui de notre dire, nous viennent en grand nombre sous la plume. Nous n'en citerons qu'un seul, parce que le cas est presque plaisant et que celui dont nous parlons est mort depuis. Il s'agit de M. Jules Mathias, ancien secrétaire de la rédaction du journal sceptique et voltairien l'*Avenir National*, dont le rédacteur en chef était M. Alphonse Peyrat, aujourd'hui sénateur de la Seine.

Or, au 4 Septembre, M. Jules Mathias fut nommé secrétaire de la Mairie de Paris. Plus tard, il fut sous-préfet de St-Denis. Enfin, au 16 Mai, il se trouvait préfet d'un des départements de la Bretagne quand, pour se faire pardonner son élévation et donner des gages à la réaction, il porta les cordons du dais à la procession du St-Sacrement et se fit marguillier.

l'avenir. Parce que chacun, sentant qu'il n'est arrivé que grâce à un évènement, cherche à se mettre à l'abri d'un autre évènement et il va du côté où est la force, c'est-à-dire du côté de la réaction.

Les républicains, qu'est cela et n'est-il point vrai que, même sous la République, il n'y a de places et de fonctions que pour les réactionnaires ?

Voilà le raisonnement que se tiennent chacun à part les membres du parti républicain arrivés, et ils n'ont pas tort de croire que la réaction est la plus forte et que c'est avec elle qu'il faut marcher si l'on veut arriver aux places et aux fonctions.

L'évènement ne l'a-t-il point en effet prouvé, et les hommes de la Révolution n'entrèrent-ils point tous ou presque tous dans les rangs du parti conservateur reconstitué par Napoléon ? Les hommes de Juillet et ceux du 24 Février n'entrèrent-ils point tous ou presque tous dans les rangs du même parti conservateur reconstitué une fois encore par Napoléon III et par Louis-Philippe ?

Sans doute, il y eut, comme nous venons de le dire, de notables exceptions et le nombre est grand de ceux qui résistèrent au nouveau régime et qui lui firent de l'opposition ; mais le nombre est plus grand encore de ceux qui s'y rallièrent et qui sollicitèrent l'honneur de le servir.

Aujourd'hui, il en serait encore de même et le nombre est aussi grand de ceux qui, au cas où la monarchie orléaniste se rétablirait avec le comte de Paris ou l'empire avec le prince Victor Napoléon, s'y rallieraient et qui solliciteraient l'honneur de le servir.

Il n'y a qu'un moyen pour empêcher ces palinodies et pour retenir dans le sein de la République ceux qui seraient tentés de s'en échapper, c'est d'enseigner la foi dans ce régime et de faire comprendre au peuple l'esprit de liberté.

On y revient ainsi de toutes parts, et on ne peut nier la nécessité d'établir un catéchisme qui comprenne cette foi et cet enseignement. Les circonstances sont favorables. L'Europe entière est en pleine dissolution. En Allemagne, en Autriche-Hongrie, dans les pays Slaves, en Angleterre, en Espagne même, l'idée d'autorité est battue en brèche de toutes parts et partout les peuples cherchent à s'organiser sur une nouvelle base.

Il dépend de nous de donner aux peuples cette base qui leur manque et de reconquérir notre ancienne influence ; mais, pour cela, il faut formuler avec netteté et précision le principe de la liberté et l'établir solidement chez nous.

Les peuples nous en veulent de nos perpétuels avortements et de notre manière qui consiste à nous payer de mots. Il faut en venir aux choses sérieuses et démontrer que la liberté est un principe réel. Pour cela, il n'y a qu'un moyen c'est, nous le répéterons en terminant, d'enseigner ce principe et de le faire connaître au peuple.

IV.

De la nécessité d'abandonner le système politique suivi depuis 1789 — et qui a conduit la France à sa perte, — et d'un nouveau système politique mieux approprié aux vœux et aux besoins du peuple.

M. Jules Simon, dans son Petit Journal, dit, à propos du livre de M. Lagneau sur la dépopulation de la France :

« Je sais gré au docteur Lagneau de son initiative hardie. C'est à nous tous de chercher les moyens de salut. Je m'y livrerai pour ma part avec d'autant plus de zèle, que le remède, là comme ailleurs, *est surtout un remède moral.* »

Oui, le remède à la situation décrite par le docteur Lagneau comme à la situation générale de la France, est surtout un remède moral et le mal de notre époque est précisément de croire que l'on peut, au moyen de procédés en quelque sorte chimiques ou mathématiques et en votant quelques lois, améliorer le sort du peuple et lui donner satisfaction.

Sans doute, il faut des spécialistes et nous ne songeons point à nier les services que peuvent rendre à l'État des hommes tels que MM. X..., B... ou C...

Mais, et ici nous le demandons à M. Jules Simon, où son système et celui des hommes politiques dont nous parlons ont-ils mené la France et qu'entend-il lui particulièrement par la morale (1)?

M. Jules Simon est une haute personnalité.

---

(1) Dans un autre article de son petit journal, M. Jules Simon se répond à lui-même et il préconise l'éducation physique :

« Je suis, dit-il, le défenseur passionné du thème ; mais je défends aussi le coup de poing, et je soutiens que l'enfant qui ne sait pas le donner et le recevoir avec art, ne sera jamais qu'un bélitre.

« ... On a importé en France les jeux athlétiques. Ce n'est encore qu'une révolution dans les écoles; ce sera bientôt une révolution dans les mœurs. »

Pauvres moralistes ! Et dire que, depuis plus d'un siècle, la France est gouvernée par des hommes comme M. Jules Simon, qui attendent sa régénération des jeux athlétiques, ou de l'enseignement du dessin et de l'école professionnelle !

Il n'est pas étonnant qu'elle en soit arrivée à la ruine et à la dissolution.

Son système est suivi par les hommes qui sont au pouvoir et, dans l'Université, les maîtres quelques-uns illustres et d'autres fort honorables qui se sont succédé depuis qu'elle existe jusqu'à nous, ont tous, malgré quelques différences sur certains points de détail sans importance, enseigné ses idées.

Voilà pourquoi nous nous adressons à M. Jules Simon et nous lui demandons où son système et celui des hommes qui sont aujourd'hui au pouvoir ont-ils mené la France, et ce qu'il entend lui particulièrement par la morale ?

Nous avons suivi avec attention les évolutions de M. Jules Simon dans son Petit Journal, et nous avons remarqué qu'il parle souvent de Dieu (1) et qu'il critique les mesures qui ont été prises dernièrement contre les congréganistes.

Mais, et quoique nous ne pensions pas que

(1) Et dans son discours à l'occasion des fêtes pour le centenaire de Lamartine, M. Jules Simon ne parle encore que de Dieu. « Dieu, s'écrie-t-il en terminant ce discours, est bon ! »

M. Jules Simon a peut-être connu Dieu, mais il est un bien triste homme politique.

c'était par ces mesures qu'il fallait commencer l'œuvre de l'édification en France d'une société civile et laïque, nous dirons que, puisque cette société existe au moins de fait, il faut bien qu'elle puisse se suffire et qu'elle ne soit pas toujours, au point de vue du personnel, dans la dépendance de la société cléricale.

D'un autre côté, on aurait peut-être mauvaise grâce de demander à des instituteurs congréganistes d'enseigner des principes en opposition avec ceux sur lesquels repose leur société (1). Nous ne voulons point faire ici de personnalité; mais nous ne voudrions point non plus que ceux qui ont perdu la France se retranchassent derrière une prétendue supériorité qui n'existe pas et qu'ils fussent seuls à gouverner.

---

(1) Ensuite, ô monsieur Jules Simon et vous, monsieur le docteur Armand Despres, qui êtes aussi un grand défenseur des intérêts des congrégations, avez-vous réfléchi à ce côté de la question :

Qu'est-ce qu'un congréganiste? Un homme à qui l'on a fait croire que, en échange ici-bas d'une vie de dévouement et de sacrifices, on lui donnerait le ciel.

Or, vous voulez que l'État et la Ville, exploitant cette croyance, traitent avec le directeur de ce congréganiste et fassent travailler celui-ci à vil prix !

Nous voulons que nos idées soient examinées, et qu'elles contribuent à sauver l'État.

Trop longtemps le peuple a été la dupe de ceux qui prétendent être des hommes sérieux et graves ou pratiques, et qui l'ont conduit à sa perte.

Car enfin, ce ne sont pas les anarchistes, les collectivistes ou les socialistes qui ont occupé le pouvoir depuis 1789. Ce sont des hommes

---

Car il ne faut pas perdre de vue que c'est, non avec le congréganiste qui travaille que traitent l'État et la Ville, mais avec son directeur, absolument comme les planteurs américains, traitent avec les capitaines des vaisseaux négriers pour avoir des esclaves.

Maintenant, voulez-vous savoir à quoi servent les fonds ainsi dispensés généreusement par l'État et la Ville aux directeurs des congrégations religieuses ? Écoutez ce que dit M. Auschitzky, secrétaire de M. Naquet, dans une interview au journal le *XIXe Siècle*. Il s'agit, dans cette interview, des relations du clergé et des boulangistes pendant les élections municipales et législatives de 1889 :

« Le supérieur d'une des plus grandes communautés de Paris, qui n'était pas celle des jésuites, les jésuites étant carrément boulangistes, se rendit à la *Gazette de France*, au *Moniteur Universel*, à la *Défense*, à la *Croix*, au *Journal des Débats* et à la *Liberté*, pour proposer une réunion dans laquelle les représentants du parti catholique et de l'union libérale s'entendraient sur le choix d'un candidat.

« *Les frais de l'élection*, assura le révérend, *devaient être payés par trois congrégations religieuses*.

de l'école de M. Jules Simon, des libéraux ou des autoritaires et, pour nous, c'est tout un.

En effet, les prétendus libéraux de l'école de M. Jules Simon ne veulent de la liberté que juste ce qui leur en faut pour maintenir leur domination et opprimer le peuple ; et, aussitôt que cette liberté est dépassée et que le peuple veut s'affranchir, vite ils font voter des lois restrictives et reviennent au despotisme.

Cela n'est-il point arrivé au 2 Décembre et au 18 Brumaire, où ces prétendus libéraux sont allés jusqu'à l'empire pour empêcher le peuple de s'affranchir et pour maintenir leur domination ?

En un mot, il n'y a aucune différence entre les prétendus libéraux dont nous parlons et les autoritaires ; et les uns comme les autres professent que le peuple doit toujours être gouverné par une élite, et qu'il ne doit attendre d'amélioration à son sort que de la bourgeoisie.

D'un autre côté, il faut bien aussi savoir ce que l'on veut faire en introduisant le nom de Dieu dans la politique ?

Libre à M. Jules Simon et à ceux de son

école d'être déistes et de professer une religion ; mais nous ne voulons pas qu'au nom de cette école, on nous impose des opinions particulières et qu'on fasse de nous autre chose que des démocrates.

Nous savons bien que M. Jules Simon, s'il daignait nous répondre, le prendrait de haut avec nous qui ne sommes ni sénateur ni académicien et qui n'avons été ni député au Corps législatif sous l'Empire ni membre du gouvernement de la Défense nationale.

Mais nous supplierions M. Jules Simon de vouloir bien prendre en considération que, si petit que nous soyons, nous venons après ceux qui, étant tantôt révolutionnaires ou républicains et tantôt monarchistes ou réactionnaires, ont perdu la France.

Nous ne voulons plus de cette politique nuageuse et mystique, quoique profondément terre à terre et matérialiste et qui, sous prétexte aussi sans doute de nous conduire au ciel, nous livre sur la terre aux tyrans et fait de nous des agents des pouvoirs rétrogrades.

Nous voulons suivre une autre politique

claire, nette et précise, et qui comprenne que l'homme n'est pas libre s'il ne peut assurer les conditions de son existence.

Le plus grand reproche en effet que l'on puisse faire selon nous à l'école prétendue libérale dont nous parlions tout-à-l'heure c'est d'avoir voulu — comme l'autruche — se cacher la tête et de ne pas voir que, dans les temps nouveaux, la fortune étant le signe de la puissance, quiconque en est dépourvu devait rester esclave.

Elle n'a pas voulu voir cela cette école, et les démentis lui sont arrivés de tous les côtés : de l'Allemagne, de l'Autriche-Hongrie, des pays Slaves, de l'Angleterre où la question est posée plus nettement que chez nous et où on ne la mêle pas aux questions de la politique pure.

Nous estimons que notre école prétendue libérale a du bon, et que les peuples qui posent la question avant tout sur le terrain matériel ont tort et qu'ils ne pourront arriver à la réalisation de leurs espérances.

En effet, il faut poser la question avant tout sur le terrain moral et mettre de l'ordre dans les revendications populaires.

C'est même pour cela et parce que notre socialisme, fils de notre civilisation gréco-romaine, a une tendance à poser la question sur ce terrain, qu'il est supérieur au socialisme brutal et purement matérialiste des anglo-saxons et que la France, si elle n'est pas trahie par ses classes dirigeantes, pourra reprendre son rang à la tête des nations.

En effet, il s'agit pour la France de prendre la direction de ce mouvement civilisateur et progressif qui a nom le socialisme et de fonder la Démocratie.

Pour cela, il suffit d'enseigner au peuple la liberté et de lui en faire connaître le principe. Jusqu'ici, on a, comme nous l'avons dit, considéré la liberté comme une négation et comme une chose qui n'avait aucun rapport avec les choses réelles.

Il faut, encore une fois, considérer la liberté comme une affirmation et comme une chose qui doit servir à régler les rapports des individus entre eux.

Sans doute, on n'arrivera jamais à faire exactement la part des choses et à donner à chacun ce qui lui appartient ; mais il faut y chercher, et voilà pourquoi l'intervention de l'Etat est nécessaire pour rappeler à chacun le respect des droits et la liberté.

M. l'Avocat général Sarrut, dans la péroraison de son magnifique discours de rentrée de la Cour d'Appel, il y a quelques mois, disait :

« Il importe surtout à la continuité du progrès social que chacun élargisse la conception du devoir et du droit. Privilégiés de la fortune, patrons, chefs d'industrie, pas de préventions égoïstes, pas de résistances injustes, pas de théories absolues sur la légitimité de la possession ! *Sait-on dans quelle mesure la richesse des uns est faite de prélèvements opérés sur le labeur des autres ?*

« *L'ouvrier n'est pas un instrument, mais un collaborateur. Vous lui devez autre chose que le salaire...* »

Voilà de grandes et fortes paroles, et il ne leur manque que d'être enseignées par l'Etat et de servir de base à une formule ou à une doctrine qui serait fait réciter dans l'école par l'instituteur.

Car, l'intervention de l'Etat ne peut s'exercer que par l'instruction ; autrement, nous aurions le communisme qui est le pire des despotismes.

Mais, entre ces deux termes, l'Etat enseignant le respect des droits et la liberté et les individus exerçant librement leur initiative, il y a place pour une société qui marche vers la justice et qui cherche à réaliser cet idéal.

Ne vous y trompez pas, là est la solution de la question sociale. Quand on verra que vous vous occupez véritablement de cette question et que vous cherchez à la résoudre, le peuple se rapprochera de vous et il ne voudra plus que vous soyez attaqués.

Tous les obstacles alors disparaîtront, et il n'y aura plus de difficultés qui seront toutes résolues au mieux des intérêts de la nation et des individus.

On ne s'occupera plus que de la question sociale qui, toujours posée et toujours résolue, s'agitera pacifiquement sous l'œil bienveillant et impartial de l'Etat, devenu, à certains égards le gendarme ou le garde-champêtre entrevu par Laboulaye qui, placé à la limite des droits individuels, n'interviendra dans la lutte que pour faire respecter ces droits par ceux qui prétendraient avoir trouvé une solution particulière et qui voudraient l'imposer.

Mais il ne faut pas craindre de poser la question sur son véritable terrain et de comprendre que l'Etat a pour mission d'enseigner que la liberté est, comme nous l'avons dit, la règle des rapports des individus entre eux et le principe justificateur de la richesse et du bien-être.

Là est la révolution, là est le changement, là est ce que l'on aurait dû faire en 1789 !

V.

Du seul moyen pour la Démocratie de remplacer l'Église catholique, et du gouvernement du monde et des sociétés.

On ne discute pas avec celui qui ne voit pas qu'il s'agit pour la Démocratie de remplacer l'Église catholique, et de gouverner le monde et les sociétés.

L'Église en effet a gouverné le monde jusqu'à la Révolution, et la royauté n'était entre ses mains qu'un instrument. La royauté a disparu, mais l'Église est restée et elle cherche à se soumettre tous les pouvoirs qui se succèdent à la tête des affaires et du pays.

Trop souvent, elle y réussit et, par ses tentatives, elle engendre l'anarchie ; car la Démocratie, qui a pris en fait possession du pouvoir, ne peut se soumettre complètement et, d'un autre côté, l'Église ne peut renoncer à dominer ni à établir son principe. D'où un dualisme, qui empêche la paix de se faire et l'ordre de régner dans la société.

Il faut détruire la hiérarchie catholique ; car, une fois la hiérarchie détruite, il ne restera plus que le livre ou la doctrine et celle-ci ira se fondre avec toutes celles qui ont régné dans le monde et qui contenaient une parcelle de la vérité.

Mais, pour détruire la hiérarchie catholique, il ne suffit pas, comme quelques-uns paraissent le croire, de supprimer le budget des cultes et de faire la séparation de l'Église et de l'État.

Non, cette mesure n'amènerait qu'une bataille et il y aurait d'un côté l'Église catholique avec ses fidèles ou ses partisans et, de l'autre, le gouvernement du pays qui serait seul, isolé, car l'on ne comprendrait pas pourquoi il lutte ni ce qu'il veut faire de sa victoire.

Il faut que le peuple prenne part à la lutte ; mais, pour cela, il faut qu'il voie clairement où l'on veut en venir et qu'on a véritablement pour but de fonder la Démocratie.

Pour cela, il n'y a qu'un moyen, nous le répéterons jusqu'à satiété, c'est d'établir un catéchisme qui comprenne les principes ou la formule de la Démocratie et de faire réciter ce catéchisme par le peuple.

Certes, le catéchisme dont nous parlons ne fera pas lui non plus la paix en un jour et le monde continuera à être troublé; mais la paix se fera peu à peu, l'ordre s'établira et la Démocratie, sûre d'elle-même et confiante dans ses destinées, marchera à la conquête du monde et finira par fonder l'unité.

FIN

TABLE

IMPRIMERIE PRISSETTE, PASSAGE DU CAIRE, 17.

www.ingramcontent.com/pod-product-compliance
Ingram Content Group UK Ltd.
Pitfield, Milton Keynes, MK11 3LW, UK
UKHW020354180726
13839UKWH00003B/1088